人生成敗的
靈性7法

THE SEVEN SPIRITUAL LAWS OF SUCCESS

（暢銷紀念版）

讓一生圓融無遺憾的關鍵法則

狄帕克．喬布拉 DEEPAK CHOPRA／著　李明芝／譯

New Life 31

人生成敗的靈性 7 法（暢銷紀念版）：讓一生圓融無遺憾的關鍵法則

原著書名　The Seven Spiritual Laws of Success
原書作者　狄帕克．喬布拉（Deepak Chopra）
譯　　者　李明芝
封面設計　林淑慧
主　　編　劉信宏
總 編 輯　林許文二

出　　版　柿子文化事業有限公司
地　　址　11677 臺北市羅斯福路五段 158 號 2 樓
業務專線　（02）89314903#15
讀者專線　（02）89314903#9
傳　　真　（02）29319207
郵撥帳號　19822651 柿子文化事業有限公司
投稿信箱　editor@persimmonbooks.com.tw
服務信箱　service@persimmonbooks.com.tw
業務行政　鄭淑娟、陳顯中

初版一刷　2019 年 10 月
二版一刷　2023 年 09 月
定　　價　新臺幣 399 元
I S B N　978-626-7198-81-0

歡迎走進柿子文化網 https://persimmonbooks.com.tw
～柿子在秋天火紅 文化在書中成熟～

國家圖書館出版品預行編目 (CIP) 資料

人生成敗的靈性 7 法（暢銷紀念版）：讓一生圓融無遺憾的關鍵法則 / 狄帕克．喬布拉（Deepak Chopra）著；李明芝譯. -- 二版. -- 臺北市：柿子文化，2023.09
面；　公分. -- (New life；31)
譯自：The Seven Spiritual Laws of Success
ISBN 978-626-7198-81-0（平裝）
1.CST: 靈修
192.1　　112014180

你就是你內心深切的無限渴望。
你的渴望是什麼，你的願望就是什麼；
你的願望是什麼，你的行為就是什麼；
你的行為是什麼，你的命運就是什麼。

——《廣林奧義書》IV. 4. 5

CONTENTS

真實不虛的體驗

呂應鐘　國際華人超心理學總會理事長／美國 Wholeself 學院院長

個人從二〇〇〇年罹患鼻腔淋巴腫瘤之後，只做了一次化療就落跑。之後便開始積極深入研究自然醫學、營養醫學、整合醫學，深深體會到現代西方醫療的荒謬，也深入研究能量醫學、量子醫學、信息醫學，當然也接觸過狄帕克．喬布拉的書與網站，深有同道之感。

現代醫學只把人當作一個物質體，培養出很多只看器官不看人的醫師，也培養出許多只看疾病就配藥的醫師，根本沒有全人健康的觀念。因此，導致所有的慢性疾病治不好，必須一輩子依賴西藥來控制。套一句古話：「上醫治未病，中醫治欲病，下醫治已病。」就知道當今西方醫學教育的許多不當。

人體是身心靈合一的存在，書中說：「人體不僅是個物質體，還包括能量和信息場。」與我多年來提倡的「全健康：靈心身合醫」理念一致。人體細胞需要的不是化學原料製造出來的無能量藥物，而是需要具有能量信息的天然食物，所以給予足夠具能量頻率的營養素，就能強化細胞，健康身體，減少疾病，延緩衰老。

二十年來，我體會到每個人的「意識」決定了一切，包括健康、事業、錢財。意識也是能量，而且能量是動態的循環，有施就有得，有因就有果，於是形成不同的能量場，正面能量形成正面人生，負面能量形成負面人生，一切就是信息場的呈現，印證了「相由心生」、「萬法唯心」的古言，在這本書中也道出了這些真理，與我的感悟完全相同，令我感到欣慰。

最後的一週七法則既簡單又實用，不過必須細心體會（修），然後實行（行），才是真正的宇宙修行法則。

美妙的舒展

吳娟瑜 國際演說家／作家

從成長到成熟，每個人都會經歷各式各樣的試煉，本書作者狄帕克．喬布拉提到「種子不會掙扎成為一棵樹，它只是在恩典中舒展開來」。

不是「掙扎」，卻是「舒展」，這是可以透過七個靈性法則的實踐來執行完成。

每個靈性法則都是和自己生命最靠近的對話，例如：「我該怎樣才最適合造福人群？」又例如：「我現在做的這個選擇，將為我和身邊的人帶來幸福嗎？」

我也喜歡書中當頭棒喝的警句：「所有關係都是反映你與自己的關係」、「當下發生的一切都是你過去選擇的結果」等。

讀者閱讀本書，可以從七大靈性法則的演練，循序漸進找到和宇宙能量接軌的捷徑，並且明白「種子不會掙扎成為一棵樹」的真諦，因為在自省、覺察、付出、助人的過程中，我們自然而然就是愉悅、喜樂找到「舒展」的奧秘。沒錯！「我們」就是那粒「種子」，生命力旺盛得很，正待意識覺醒哩！

關於狄帕克・喬布拉

狄帕克・喬布拉在全人健康和人類潛能的領域中是世界知名的領袖。他是《紐約時報》（*New York Times*）的暢銷書作者，為數眾多的著作和廣播節目，涵蓋了身、心、靈的方方面面。

他的書已被翻譯成五十多種語言，他也旅行世界各地，積極推廣和平、健康與幸福安適。

一九九五年，喬布拉在加州卡爾斯巴市（Carlsbad）的拉卡斯塔溫泉渡假飯店（La Costa Resort & Spa）創立「喬布拉中心」（The Chopra Center），並且擔任執行長。

早年生活和事業

狄帕克．喬布拉於一九四七年十月二十二日出生於印度新德里，父親克里希南．喬布拉（Krishnan Chopra）是一位傑出的心臟病專家。喬布拉起初並不想依循父親從事醫學的職業道路，而是希望從事新聞工作。然而，最後他還是被醫學所吸引，並在全印度醫學科學院（The All India Institute of Medical Sciences）註冊入學。

之後，喬布拉規劃了未來在西方醫學的職業生涯，並於一九七〇年移民到美國，當時他的口袋裡只剩下二十五美元。他先在新澤西州的一家醫院擔任住院醫師，之後移居至波士頓，轉職於新英格蘭紀念醫院，並在那裡迅速升任至醫學主任。

儘管職業生涯不斷有所發展，但喬布拉對西方醫學及對處方藥的依賴卻感到很不滿，甚至這項工作開始對他的身心造成了磨損，他自己更坦言，後來他幾乎每天吸一包菸，而且不斷地喝酒。「非常不開心的人就是醫生，」他說：「因為他們必須經歷患者親屬的要求、訴訟、恐嚇，而這就是一般的醫學環境。我的大多數同事們都非常緊張，他們之中很多人甚至是菸酒上癮者。我曾經經歷過最不平凡的挫折和緊張，非常恐懼地陷入困境。要知道，醫療訴訟在美國是一件大事……」

正是在這樣一段時間裡，喬布拉讀了一本關於超驗醫學（transcendence medical）的書，這本書改變了他的生活，最終改變了他的職業道路。隨著他對另類醫學的興趣不斷深化，他對西醫界限的看法也在不斷地深化中。

在與意識科學家、教育家聖者瑪哈禮希．瑪赫西．優濟（Maharishi Mahesh Yogi）會面後，喬布拉辭去了他在新英格蘭紀念醫院的工作，並開辦了 Maharishi Ayur-Veda Products

International，這是一家專門從事草藥茶和油等替代產品的公司。該公司是與瑪哈禮希共同創立，成功地將喬布拉推向了另類療法的領域。其間，喬布拉幫助監督了幾家附屬診所的創建，並成為名人中的知名人士，其中包括伊麗莎白・泰勒（Elizabeth Taylor），麥克・傑克森（Michael Jackson）和時裝設計師唐娜・卡蘭（Donna Karan）。

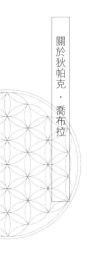

成為暢銷書作者

到二十世紀九〇年代初期，喬布拉與瑪哈禮希分離，並搬遷到加利福尼亞州，在那裡，他成為夏普人類潛能和心靈／身

體醫學研究所（The Sharp Institute for Human Potential and Mind/Body Medicine）的執行董事，但他最後與老闆發生了衝突，並於一九九五年開始了喬布拉福祉中心（The Chopra Center for Well Being）。

到此時，喬布拉已經成為國際上知名的成功者。一九八九年，他出版了第一本書《量子療癒》，而且一舉成為暢銷作家，但直到一九九三年發行了《不老的身心》，才將喬布拉晉升至成熟的名人地位，且銷售超過了一百多萬本。

總的來說，喬布拉出版了八十多本書，其中包括十四本暢銷書，除了《人生成敗的靈性7法》，還包括《不老的身心：如何永保青春，長生不老》、《心想事成：打造開創富裕的鑰匙》、《量子療癒》、《完整的生命》、《完美的健康》、《賢者再臨》、《超基因讓你不生病：遺傳醫學的新希望》、《超腦零極限》等著作，這些書已被翻譯成多種不同的語言。

思想學說

在自助行業開始發展的時期，喬布拉成了其中的主要面孔之一。他的核心信息圍繞著一種觀念，即對於物質世界的依賴，將使得尋求和平與幸福變得複雜。

對喬布拉來說，我們健康和幸福的答案可以在內在中找到。他認為，一個人確實可能達到「完美的健康」境地，成就一種「沒有疾病，從不感到痛苦」，以及「不會衰老或死亡」的條件。

他提出，人體是受到「量子力學」的束縛，其中不僅包括物質，而且還包括能量和信息場，認為「人體衰老是流動性的，是可變的。它是可以被加速、減速、短暫停止，甚至可以自己扭轉。」而這完全由一個人的心態來決定。

喬布拉的信息學說不只落實在人體健康方面，在個人成就、獲致幸福與心靈成長等方面亦受到諸多肯定，更引起大眾共鳴。

媒體的推讚

一九九九年六月，《時代》（*Time*）雜誌將喬布拉稱為「另類醫學的詩人先知」，並稱他為本世紀百大英雄之一。

他經常把自己的思想信息帶到歐普拉脫口秀（The Oprah Winfrey Show），並且是流行巨星麥克・傑克森的知己。他的職業生涯甚至延伸至深入研究音樂製作的業務，與一系列演藝名人多有合作，從瑪丹娜（Madonna）到二十世紀八〇年代舞韻合唱團（Eurythmics）的大衛・史都華（Dave Stewart）皆是。

前言

雖然這本書的名稱是《人生成敗的靈性7法》，但其實也可以稱為「生命的七個靈性法則」，因為全都是相同原則，大自然用它們來創造一切存在的物質，包括所有我們能見、能聽、能嗅、能嚐或能觸碰的一切萬物。

我在另一本書《心想事成》中，根據我對自然運作的真實理解，概述了啟動富有意識的幾個步驟，而構成這個教誨的精髓，正是這本書。一旦這個知識融入到意識裡，你將獲得不費吹灰之力就可創造無限財富的能力，而你所做的每一分努力，都能體驗到成功。

生活中的成功，可以定義為不斷地感到越來越幸福，以及有價值的目標逐漸實現。

成功是不費吹灰之力就滿足慾望的能力。然而，成功（創造財富也包含在內）向來被視為需要相當努力的過程，往往也被視為需要犧牲他人才能達成。

不過，我們卻鼓勵用更靈性的方法來達到成功和富裕，讓一

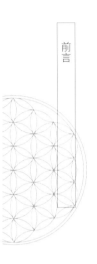

切的美好事物源源不斷地向你而來。藉由認識心靈法則並且加以實踐，我們將與大自然和諧一致，帶著無憂無慮、喜悅和愛來創造成功。

成功有許多面向，物質財富只不過是其中之一。此外，成功是一段旅程，而不是目的地。以各種形式表現的豐富物質，只是讓這段旅程更有樂趣的其中一樣東西罷了。最終指向，成功也包括良好的健康、充滿活力與熱情的生命、美滿的關係、創造的自由、情緒和心理的穩定、幸福安適感，以及寧靜的心。然而，即使體驗到所有一切，我們仍無法感到滿足，除非我們能培育內在的神性種子。

實際上，我們的神性已被偽裝起來，而潛藏於內心的眾神雛形，其實冀求著能完全成形。因此，真正的成功是奇蹟般的體驗，是將我們內在的神性展開。無論我們去到何處，我們所感知的一切——孩子的眼神、花朵的美麗、鳥兒的飛翔——全都是神性的知覺。當我們開始體驗到自己的生命是神性奇蹟展現，且不是偶一為之，而是隨時如此，那時我們才能真正了解成功的意義。

在定義「七個靈性法則」前，我們先來了解法則的概念。法則是一個「未顯」而藉此成為「顯化」的過程，是觀察者藉此成

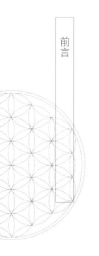

為被觀察者的過程，是觀看者藉此成為景色的過程，是夢想者藉此實現夢想的過程。

存在於世的天地萬物，都是未顯轉為顯化的結果。我們所見的一切都來自未知，包括我們的肉身、物理世界……我們透過五感知覺到的任何一切，都是由未顯、未知和無形轉成顯化、已知和有形可見。

物理世界只不過是反求諸己的「本我」，將「自身」經驗轉為靈性、心智和實體物質。換句話說，創造的所有過程，全都是透過「本我」或神性展現「自身」的過程。運轉中的意識，在永恆的生命舞動中，將自身展現為宇宙的物體。

萬物的來源都是神性（或靈性），創造的過程是運轉中的神性（或心智），創造的對象則是物理世界（包括肉身）。

現實的三個組成（靈性、心智和身體，或說觀察者、觀察的過程和被觀察的對象），在本質上是相同的東西，它們全都來自相同的地方：純粹未顯的潛能之地。

宇宙萬物的物理法則，實際上是神性運轉或意識運轉的整個過程。當我們了解這些法則，並將它們應用在生活中時，我們想要的一切都能創造，因為大自然用來創造森林、星系、天體或人類身體的法則，同樣也能用來滿足我們最深的渴望。

宇宙萬物的最高指導原則

我想知道上帝的構思……其餘的都是枝微末節。

——愛因斯坦（Albert Einstein）

宇宙心智細細編排萬事萬物，在這億萬星系中發生的一切，都有著幽雅的精確和堅定的智慧。祂具有無限與崇高的智慧，祂遍及所有存在的表裡：從最小到最大、從原子到宇宙。

萬物生靈都是這個智慧的展現，而這個智慧則是透過七個靈性法則來運作。如果你探究人體的任一個細胞，你都可以從它的功能中看見這些法則的展現。每一個細胞，無論它是胃細胞、腦細胞或心臟細胞，都誕生於「純粹潛能法則」。DNA是純粹潛能的完美例子，事實上，它就是純粹潛能的「物質展現」。存在於所有細胞的相同DNA，為了滿足特定細胞的獨特需要，會以不同的方式展現自身。

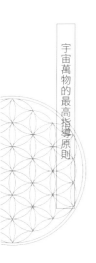

各個細胞也透過「施予法則」來運作。一個細胞唯有處於均勢平衡的狀態，才能夠健康地活著，這種均衡狀態是一種完滿與和諧，但必須藉由不斷地施予和接受來維持。

各個細胞都能夠施予和支援其他所有細胞，同時也接受其他所有細胞的滋養。細胞永遠都維持在動態交流的狀態，這樣的流動絕對不會中斷。

事實上，這樣的流動正是細胞生命的本質，唯有保持施予的流動，細胞才能接受並由此繼續生氣蓬勃地存活。

各個細胞全都嚴格地遵守「因果法則」，因為無論發生什麼情況，細胞內建的智慧都能做出最適切和準確無誤的反應。

體內的每個細胞也都嚴格地遵守「最省力法則」：在放鬆的警覺狀態下，平靜有效率地執行自己的工作。

而透過「意圖與慾望法則」，各個細胞的每個意圖都能駕馭大自然智慧的無限組織力量。即便是簡單的意圖（如代謝糖分子），都會在體內立即地揚起交響樂曲，引發環環相扣的一連串事件：在精確的時刻分泌數量精確的荷爾蒙，將這個糖分子轉變成純粹的創造能量。

當然，各個細胞都展現出了「超然法則」，它超然於自己意圖的結果。細胞不會出現磕磕絆絆、猶豫不決的行為，因為它的作用是基於以生命為中心、當下此刻的覺察。

各個細胞也都能展現出「達摩法則」，因為每個細胞都必須發現自己的來源、更高的自我，它必須展現自己的獨特天賦，並且造福它的細胞同胞們。

心臟細胞、胃細胞、免疫細胞……全都來自於更高的本我、純粹潛能之地，因為它們直接連上了這臺宇宙電腦，所以能夠帶著超越時間的覺察，毫不費力地輕鬆展現自己的獨特天賦。也唯有展現自己的獨特天賦，它們才能同時維持自己的完整健全，以及整個身體的完整健全。

人體內各個細胞的內在對話是：「我要如何才能幫助其他細胞？」心臟細胞想要幫助免疫細胞，免疫細胞想要幫助胃細胞和肺細胞，而腦細胞則是傾聽和幫助其他所有細胞。人體內的各個細胞只有一個作用：幫助其他所有的細胞。

藉由探究人體細胞的行為，我們就可以觀察到「七個靈性法則」最超凡且有效的展現，這就是大自然智慧的才華，也是上帝的構思……其餘的都是枝微末節。

「七個靈性法則」是強而有力的原則，可賦予你掌控本我的能力。如果你特別注意這些法則，並練習書中概述的步驟，你會發現，你能夠將自己想要的任何東西顯化成真：所有欲望的一切富裕、金錢和成功。

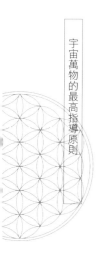

你也會發現，你的生命在各方面都將變得更為喜悅和豐富，因為這些法則也是生命的靈性法則，能夠讓生活變得更有價值、更有意義。有個在日常生活中應用的自然順序，或許能幫助你牢記這些法則。

「純粹潛能法則」是透過靜默、透過冥想、透過不批判、透過與大自然的交流來體驗，但它是由「施予法則」所啟動，而此處的原則，是施予你自己想尋求的，這就是你啟動「純粹潛能法則」的方式。意思是，如果你尋求富裕，那就施予富裕；如果你尋求金錢，那就施予金錢；如果你尋求愛、欣賞和感情，那就學習施予愛、欣賞和感情。

根據「施予法則」做出的行動，接著就會啟動「因果法則」。如果你製造善業，好的因會結出好的果，使你在生活中諸事順利。你會注意到，自己無須耗費很大的力氣來滿足慾望，你從中也可以自動地領悟到「最省力法則」的真諦。

如果諸事順利而且毫不費力，同時你的慾望能持續獲得滿足，你就能夠自然而然地開始了解什麼是「意圖與慾望法則」。由此，毫不費力地輕鬆滿足你的慾望，也使你能從容自在地實踐「超然法則」。

最終，當你開始了解前述的所有法則時，你便開始專注於自己生命中的真實目的，由此邁向最後一個法則：「達摩法則」。根據這個法則，只要你展現自己的獨特天賦，並且滿足人類同胞的需求，你就等於開始在希望的時刻，創造所想要的一切。你將會變得無憂無慮、充滿喜悅，你的生命則成為無盡之愛的展現。

我們是宇宙的旅人，是在無限迴旋渦流中翻騰起舞的星塵。生命永無止盡，但生命的展現卻是短暫、瞬間，稍縱即逝。創立佛教的釋迦牟尼佛（Gautama Buddha）曾說：

我們此生的存在，猶如秋天的雲朵，稍縱即逝。
看盡萬物的生與死，彷彿觀看一場舞蹈律動。

人的一生就像劃過天際的一道閃電，
疾駛而過，宛若從陡峭山峰傾洩而下的一股湍流。

我們已然稍停片刻，彼此相識、相遇、相愛與互相分享。這是個珍貴的時刻，但也是短暫片刻，它是永恆之中的一小段插曲。

如果我們輕鬆自在，帶著關懷與愛分享，我們將為彼此創造無上的豐富和喜悅。於是，此刻儘管短暫，卻將彌足珍貴。

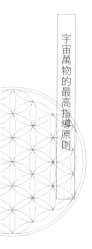

1

純粹潛能法則

萬物的來源都是純粹意識——

尋求從未顯表現為顯化的純粹潛能。

而當我們領悟到自己的真實「本我」即是純粹潛能之一時，

我們就能與宇宙萬物的力量結為同盟。

在最初始，
既無存在、也無不存在，
整個世界盡是未顯的能量……
那唯一（The One）按自身的脈動，呼吸卻沒有氣息，
除此之外再無任何其他……

——創世讚歌，《梨俱吠陀》

成功致勝的第一個靈性法則是「純粹潛能法則」。這個法則的根基是純粹意識，也就是我們的本質狀態。純粹意識即是純粹潛能，是一切可能性和無限創造力的所在之處。

純粹意識是我們的靈性本質，無邊無界，更是毫無拘限，所以純粹意識也是純粹喜悅。意識的其他屬性還有純粹知識、無限靜默、完美平衡、堅毅無懼、單純質樸和極樂至福。這是我們的本質天性，而我們的本質天性就是純粹潛能之一。

當你發現自己的本質天性，並且知道自己真正是誰時，**「認識自身」這點就是實現任何夢想能力的啟動**，因為你的可能性永無止境，過去、現在，直到永久，都具備無法估量的潛能。

「純粹潛能法則」也可以稱作「合一法則」，因為在生命的無限多樣性之下，潛藏著「合一」的普遍靈性。在此法則下，你和這個能量場域沒有區別，純粹潛能的場域就是你自己的「本我」，你越是體驗到這個真實本性，便越能夠接近純粹潛能場域。

「本我」或「本我導引」（self-referral）的體驗，是指內在指引點是我們自己的靈性，而不是我們經驗的客體。

本我導引的相反即是客體導引，在客體導引中，我們永遠都受到「本我」以外的客體影響，包括形勢、環境、人物和事物。

也因此，我們不斷在尋求他人的認同，我們的思考和行為，永遠都在期待著外界的回應。這其實是奠基於恐懼。所以在客體導引中，我們也會感覺到對控制事物的強烈需要，對於外在力量的強烈需求。

需要認同、需要控制事物、需要外在力量，這些都是基於恐懼的需要。這種力量不是純粹潛能的力量，也不是「本我」的力量，更不是「真實」的力量。**一旦我們體驗到「本我」的力量時，我們就不會有恐懼、沒有必須控制的強迫衝動，也無須汲汲營營地追求認同或外在力量。**

在客體導引中，你的內在指引點是你的「自我」（ego）。然而，自我並不是真正的你，自我是你的本我形象，是你的社會面具，也是你所扮演的角色。你的社會面具因為受到認同才能壯大，所以它想要控制，它需要憑藉力量才能維持，這都是源於它活在恐懼之中。

你的真實「本我」（也就是你的靈性、你的靈魂）完全不會在意這些東西，它對批評免疫，也無懼任何挑戰，更不覺得比任何人低下。然而，它也謙卑，不會覺得自己比任何人優越，因為它認清其他所有人都是相同的「本我」，都是帶著不同偽裝的相同靈性。

這就是客體導引和本我導引之間的本質差異。

在本我導引中，你體驗到自己的真實存在，無懼任何挑戰、尊重他人，而且不覺得比任何人低下。因此，「本我力量」才是真實的力量。

由於客體導引的力量是虛假的力量，所以這種基於自我的力量，只要導引的客體一消失，它也將隨之消散。

假設你有某種頭銜（國家元首或公司總裁），或如果你有許多金錢，則你所享受的力量，便是伴隨頭銜、工作和金錢而來。但是，基於自我的力量其持續的時間只跟所倚靠的事物一樣長久，一旦頭銜、工作、金錢消失，這個力量也就會跟著消失。

而「本我力量」之所以能持續永久，正因為它是根基於「本我」的認識上。

本我力量具有某些特性，它會吸引人向你靠攏，也會吸引你想要的東西向你接近。**本我力量像是磁鐵般，吸引著支持你的渴望的人物、形勢和環境，所以也可稱之為出於自然法則的支持，它是神性的支持，也是來自自然恩賜所獲得的支持。**這樣的力量讓你能享受與人們的聯繫親近，人們也享受與你的聯繫親近，你的力量就是聯繫的力量——出於真愛的聯繫。

我們該如何將「純粹潛能法則」（各種可能的場域）應用到生活中呢？如果你希望享有純粹潛能場域的益處，如果你想要充分利用純粹意識固有的創造力，那麼你就必須找到門路進入。

有條路能夠進入這個境地，那就是每天練習靜默、冥想和不批判。

花時間親近大自然，也讓你有機會接近此一境地固有的美好特質：無限創造力、無拘無束，以及極樂至福。

練習靜默，意指承諾花一段時間完全地「心無雜念」；而體驗靜默，意味著定期地保持安靜不語，同時也表示，定期地不看電視、不聽廣播或不閱讀。如果你從來不讓自己有機會去體驗靜默，你的內在對話就會產生擾動。

時不時地空出一點點時間來體驗靜默，或者對自己承諾，每天在特定時段保持靜默。你可以每次練習兩個小時，如果覺得太久，那就練習一個小時。另外，偶爾體驗一次長時間的靜默，例如一整天、或兩天，甚至是一個星期。

當你進入靜默的體驗時，會發生什麼事呢？一開始，你的內在對話會變得更加騷動，你覺得自己需要強烈地說些什麼。

我知道有人在承諾進行長時間的靜默時，最初一兩天真的幾近瘋狂。

迫切和焦慮的感受會突然的來襲，但隨著持續的練習，內在對話會開始漸漸沉寂下來，不久後，靜默將變得相當深刻。

這是因為經過一段時間之後，心智決定放棄了，它意識到，如果「你」——「本我」、靈性、決策者——不打算說話，繼續掙扎下去也沒有意義，所以就算了吧。

接下來，隨著內在對話逐漸沉寂，你也將開始體驗到純粹潛能場域的寂靜。由此，因方便而定期練習靜默，確實是一種體驗「純粹潛能法則」的方法。

每天花時間冥想則是另一種方法。最理想的情況是，每天早上至少冥想三十分鐘，然後到晚上再冥想三十分鐘。

透過冥想，你將學習體驗到純粹靜默和純粹覺察的場域境地。純粹靜默的場域是無限關聯之地、無限組織力量之地，更是創造的終極根基，萬物在此，密不可分地相互連結。

在第五個靈性法則「意圖與慾望法則」中，你將了解如何把微弱的意念脈衝引入這個境地，自然而然地產生你的慾望。但首先，你必須能體驗寂靜（stillness）。**寂靜是將你的願望顯化的第一個必要條件**，因為在寂靜中，你才能與純粹潛能之地有所聯繫，而純粹潛能也才可以為你精心編排無窮無盡的細節。

想像你把一顆小石頭丟入靜止的池塘，看它掀起一陣陣漣漪。經過一段時間後，當漣漪沉靜下來時，或許你再丟入另一顆石頭，引起另一陣波動。當你進入純粹靜默境地，並引入你的意圖時，幾乎就是在做同樣的事。

在這樣的靜默中，即便是最微弱的意圖，都能掀起漣漪，掠過宇宙普遍意識的潛在基礎，由此串連起萬事萬物。然而，如果你沒有體驗到意識的寂靜，你的心智像波濤洶湧的大海一樣，那麼，就算你把帝國大廈丟入海裡，你還是無法會去注意到發生了什麼事。聖經中有一段經文這樣表達的：「你們要休息，要知道我是神。」（《詩篇》46:10）而唯有通過冥想，才能達到這一點。

進入純粹潛能之地的另一個方法是，透過不批判的練習。批判是不斷地評估事情是對、是錯，是好、是壞。當你不斷地評估、分類、標記、解析時，你就等於在內在對話中製造了大量擾動。這樣的擾動會縮減純粹潛能境地與你之間的能量流動，實際上，就是你壓縮了意念之間的「空隙」。

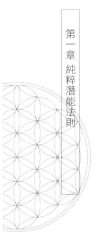

這個空隙是你與純粹潛能境地的聯繫，它是一種純粹覺察的狀態，也是想法之間的靜默空間，更是讓你跟真實力量連結的內在寂靜。當你壓縮這個空隙時，你也縮減了你與純粹潛能境地和無限創造力的聯繫。

《奇蹟課程》書中有段祈禱文是這麼說的：「今天我不會批判任何發生的事。」不批判能創造你心中的靜默，因此在一天的開始先說說這句話，是個不錯的點子。

然後這一整天，每當你偶然發現自己在批判時，就把這句話重說一次。如果整天練習這個程序對你來說太過困難，那麼你只要對自己說：「在接下來的兩小時，我不會批判任何事物。」或說：「在接下來的一小時，我將體驗不批判。」之後，你可以逐漸延長不批判的時間。

透過靜默、透過冥想、透過不批判，你將逐步接近第一個法則：純粹潛能法則。

一旦你開始這麼做，你就能在這個練習中加入第四個要素：定期花時間與大自然直接交流。

花時間親近大自然，能使你感到生命的一切力與元素都和諧互動，並且讓你對所有的生命都有合一感。無論是在溪流、森林、山岳、湖泊或海邊，與大自然的智慧聯繫，確實能幫助你進入純粹潛能境地。

你必須學習去觸探內心深處的存在本質，這個真實的本質超出於自我之外。它是無懼的、它是自由的、它對批判免疫，而且它不怕任何挑戰。它不比任何人低下、也不比任何人優越，它充滿了魔力、神秘和迷人魅力。

一旦接近真實的本質，便能讓你對「關係之鏡」（mirror of relationshop）有所洞察，因為所有關係都是反映你與自己的關係。

舉例來說，如果你感到罪惡、恐懼，而且對金錢、成功或其他任何東西沒有安全感，那麼罪惡、恐懼、沒有安全感就是反映你性格的基本面向。

無論你多有錢或多麼成功，都無法解決這些存在的基本問題，唯有親近「本我」，才能帶給你真正的療癒。

如果能奠基在對真實「本我」的認識，也就是真正了解自己的真實本性，你絕不會感到罪惡、恐懼，或是對金錢、富裕或滿足渴望沒有安全感，因為你將理解一切物質財富的本質都是生命能量，都是純粹潛能。而純粹潛能是你與生俱來的本性。

隨著越來越接近你的真實本性，你也將自然而然地開啟創造性思維，因為純粹潛能境地也是純粹知識和無限創造力。

奧地利詩人哲學家卡夫卡（Franz Kafka）曾說：「你不需要離開自己的房間，繼續坐在你的桌旁傾聽。你甚至不需要傾聽，完全只要等待。你甚至不需要等待，**只要學會安靜、穩定和單獨自處，這世界將毫無保留地向你呈現一切。**它不會做其他選擇，它將充滿狂喜地在你腳邊鋪展開來。」

宇宙的富裕——宇宙的奢華展示和多樣豐饒——是自然之心充滿創造力的展現。你越是貼近自然之心，就越接近它無邊無際的無限創造力。但首先，你必須超越內在對話的擾動，與充沛、富裕、無限、創造的心智相連，然後你就能帶著永恆、無邊、創造之心的寂靜，同時開創動態活力的可能性。

寧靜、無邊、無限之心與動態、有限、個別之心的精緻組合，是寂靜和律動並存的完美平衡，可以創造出你所想要的任何東西。相反的兩極——寂靜和動態——同時存在，將使你不受形勢、環境和人事物的支配牽絆。

當你靜靜地體認共同存在的相反兩極時，你自身就如同能量世界：物質世界的源頭，既非物質、也非原料的量子湯。這個能量世界是流動、動態、充滿彈力、變來幻去，永遠都不停歇。然而，同時它也是靜止、安靜、永恆、靜默、不會改變。

只有寂靜才是創造力的潛能，如果光只是律動，則創造力將侷限於某方面的表達上。但如果結合律動與寂靜，則無論注意力導向何方，你在「方方面面」的創造力都將得以釋放。

因此，無論你身處於如何的律動和活躍之中，也請隨時保持內心的寂靜。這樣一來，就算周遭的律動再怎麼混亂，都絕不會阻礙你進入創造力的寶庫：純粹潛能境地。

實踐純粹潛能法則

我將藉由承諾進行以下步驟，來實踐「純粹潛能法則」：

1. 我會每天花時間保持靜默，完全「心無雜念」，藉此觸探純粹潛能的場域境地。我也會單獨地靜坐冥想，每天至少兩次，早晚各約三十分鐘。

2. 我會每天花時間與大自然交流，安靜地見證天地萬物蘊含的智慧。我會安靜地坐著觀看日落、傾聽海洋或溪流的聲音，或是簡單地聞聞花朵的芳香。

在靜默的狂喜中，藉由與大自然的交流，享受歲月的生命脈動、無邊的創造力和純粹潛能的境地。

3. 我會練習不批判。每天一開始我都將這麼說：「今天我不會批判任何發生的事。」然後，一整天都盡量提醒自己不要批判。

2

施予法則

宇宙的運行是透過動態的交換——

施予和接受是宇宙中能量流動的不同面向。

只要願意施予我們所尋求的，

就能保持生命中的豐饒宇宙，生生不息。

這脆弱器皿，你使它空了再空，又隨時以新的生命注滿。

這小小的蘆笛，你帶著翻過一座又一座山岳溪谷，用它吹出亙古常新的旋律……

你無窮無盡的贈予，只傾注在我小小的手裡。

歲月流逝，你仍不斷傾注，而我手中仍有餘裕可待充滿。

——泰戈爾（Rabindranath Tagore），《吉檀迦利》

成功致勝的第二個靈性法則是「施予法則」。這個法則也可以稱為「施與受法則」，因為宇宙是透過動態的交換來運行的。沒有什麼是靜止不動的，你的身體即一直處於動態，跟宇宙天體不斷地交換；你的心智也動態地跟宇宙之心交互作用。

而你的能量，則是宇宙能量的展現。

生命的流動，不過是一切力與元素的和諧互動，而這所有的力與元素，便構築出了存在之地。你生命中力與元素的和諧互動，就依循著「施予法則」運作著。

因為你的身體、你的心智和整個宇宙都是處於不斷的動態交換，所以能量的循環若是停止，便猶如血液的流動停止，而只要血液一停止流動，就會開始凝結、成塊、停滯不前。這正是為什麼你必須不停地施予和接受，才能保持富裕和財富——或任何你想要的東西——在你的生命中循環不絕。

英文中 affluence（富裕）這個單字的字根出自於拉丁文 affluere，意思是「源源不斷地流入」，所以 affluence 的意思是「豐沛地流動」。金錢確實象徵著我們所交換的生命能量，而我們使用的生命能量，正是我們向宇宙提供服務的結果。

金錢（money）的另一個說法是「貨幣」（currency，譯註：亦有流通之意），這也反映出能量的流動天性。英文中 currency（貨幣）這個單字則出自拉丁文 currere，意思是「跑」或流動。因此，既然金錢也是生命能量，如果我們停止金錢的循環流通，如果我們一心只想緊握著金錢不放或囤積起來，那麼，我們也將停止它的循環，進而回到我們的生活中。

為了讓這個能量可以源源不斷地流向我們，就必須保持能量循環不絕。金錢像是河流，必須保持流動，否則就會開始停滯、淤塞、受阻，最後將自己的生命力完全扼殺。因此，唯有循環，才能讓它保持勃勃生氣，充滿活力。

每段關係也都是一種施予和接受。施予引發接受，而接受引發施予。凡有升、必有降，有出、必有回。實際上，接受和施予是相同的事，因為施予和接受是宇宙能量流動的不同面向，如果你停止任何一方流動，都是在干擾大自然智慧的運作。

每一顆種子都有希望長成茂密的森林，但它必須將自己的智慧施予肥沃的土壤，而不是囤積起來。透過種子的施予，看不見的能量流動才能顯化成可見的物質。

你給出的越多，你得到的也會越多，因為你保持了宇宙的豐饒在你的生命中循環不絕。

事實上，生命中任何有價值的東西，只要給出就會成倍增加。給出後沒有成倍增加的東西，不是不值得給，就是不值得收。而在施予之後，如果你覺得失去了什麼，那就不是真正給出禮物，也就不會造成倍增的回收。這意思是，如果你給得勉強，這個施予的背後就沒有能量。

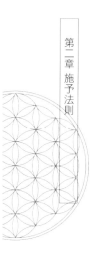

最重要的是施予和接受背後的意圖。意圖應該永遠都是為施予者和接受者創造幸福，因為幸福能支持與維持生命，所以能因此引發增加。當施予發自內心且無條件時，回報將與之成正比，這就是為什麼施予的舉動必須充滿喜悅，也就是你的心境必須在施予「當下」感到喜悅，如此一來，施予背後的能量將會增加數倍以上。

實行「施予法則」實際上非常簡單：如果你想要喜悅，你就帶給他人喜悅；如果你想要愛，就學習給別人愛；如果你想要注意和欣賞，就學習對別人多加注意和欣賞；如果你想要物質富裕，就幫助他人得到富裕的物質吧。

事實上，**如果你想得到什麼，最簡單的方法，就是幫助他人得到他們想要的東西。**這個原則無論是個人、公司、社會或國家，都一樣適用。

如果你希望有幸獲得生命中的一切美好事物，那就學習默默地祝福每個人，都能有幸獲得生命中的一切美好事物。

即使是施予的想法、祝福的念頭，甚至是「簡單的祈禱」，都具有影響他人的力量，這是因為我們的身體已化約到本質的狀態，亦即訊息和能量宇宙中的其中一束訊息和能量；我們就是意識宇宙中的其中一束意識。「意識」（consciousness）這個名詞蘊含的不單單只是訊息和能量，而是指像思想一般鮮活的訊息和能量。因此，我們是思想宇宙中的一束思想，而此思想具有轉化的力量。

生命是意識的永恆舞動，在小宇宙和大宇宙之間，在人類身體和宇宙天體之間，在人類心智和宇宙心智之間，以智慧脈衝的動態交換作為展現。一旦你學會施予自己所尋求的，你等於是應用構成永恆生命悸動的精緻、活力和重大律動，激起並編排了這場永恆之舞。

實行「施予法則」，正是開啟這整個循環過程的最好方法，是下定決心無論什麼時刻，只要與任何人接觸，你都能夠施予些什麼，但給出的不一定非得是有形的物質，你可以送一朵花、說一句讚美，或是為對方祈禱。

事實上，**最強而有力的施予形式是非物質的，關懷、注意、情感、欣賞和愛等禮物，都是你能給出的最珍貴禮物**，你也無須為此付出任何代價。

當你遇到某個人時，你可以默默地為他祝福，希望他幸福、喜悅和歡笑。這種靜默的施予，力量非常的強大有力。

我在孩提的時候曾被教導的其中一件事，也是我現在這麼教育孩子的是，絕對不要空手去任何人家裡，只要登門拜訪某人，就一定要帶上禮物。

或許你會說：「在我自己都有所不足的時候，如何能帶東西給別人呢？」你可以帶一朵花。沒錯，就是一朵花；你也可以帶一張紙條或卡片，上面寫著你對拜訪的人有什麼情感及祝福；你可以帶一句讚美；你可以帶一個祈禱……

下定決心，無論你去到哪裡、無論你看見何人，你都會願意施予。**只要你有所施予，就會得到回報**，而且你給出得越多，你就越有信心能得到這個法則的奇蹟效應。而隨著你得到的越多，你施予的能力也會逐漸增加。

我們的真實本性是富裕和豐饒。我們之所以天生富裕，是因為大自然支持著我們的每一分需要和渴望。

我們什麼都不缺，因為我們的本質天性就是純粹潛能和無限可能。因此，無論你擁有的金錢是多是少，你都必須知道，自己的富裕是與生俱來的，因為一切財富的源頭是純粹潛能之地，而它正是了解如何滿足所有需要（包括愛、喜悅、歡笑、和平、和諧與知識）的意識。

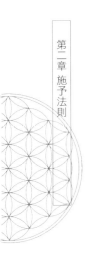

如果你不只是為自己，更是為別人先尋求這些東西，則其他的一切將自然而然地到來。

實踐施予法則

我將藉由承諾進行以下步驟來實踐「施予法則」：

1. 無論我去到哪裡，無論我遇到的人是誰，我都會帶給他們禮物。這個禮物或許是讚美、或花朵、或祈禱。今天，不管我接觸到誰，我都會給對方一些什麼，因此我將開啟我的生命和他人的生命中，喜悅、財富和富裕的循環過程。

2. 今天我將感激地接受生命提供給我的所有禮物。我將接受大自然的禮物：陽光和鳥鳴、春雨或冬季的初雪。我也將放開心胸地接受他人的禮物，無論形式為實質禮物、金錢，或是讚美、祈禱。

3. 我將承諾藉由施予和接受生命最珍貴的禮物，也就是關懷、情感、欣賞和愛，來保持生命中循環不已的富有。每當我遇到某個人，我都會默默地希望他幸福、喜悅和歡笑。

3

因果法則

每個行動都會產生能量之力，以類似的狀態返回自身……
種什麼因，就得什麼果。
當我們選擇的行動是為他人帶來幸福和成功時，
結出來的果實就是幸福和成功。

「因果」是人類自由的永恆主張……
我們的思想、言語、行為，
一絲一縷地編織成套住我們自己的網。
——斯瓦米・維韋卡南達（Swami Vivekananda）

成功致勝的第三個法則是「因果法則」。「因果」（karma）兼具行動本身和行動的結果，它既是因，也同時是果，因**為每個行動都會產生能量之力，以類似的狀態返回自身。**

我們對於「因果法則」應該不會覺得陌生，每個人都曾聽過這句話：「種什麼因，就會得什麼果。」顯然，如果我們希望創造出生命中的幸福快樂，就必須學習如何播下幸福快樂的種子。因此，因果隱含的是做出有意識的選擇。

你和我本質上都一直在做無窮無盡的選擇。我們存在的每一分、每一秒都處於各種可能之地，身處此地的我們，有機會做無窮無盡的選擇。有些選擇是有意識地做出，但其他選擇則是無意識的反應。

然而，**了解並充分利用因果法則的最佳方法是，開始有意識地覺察我們在任何時刻所做的選擇。**無論你喜不喜歡，當下發生的一切都是你過去選擇的結果。遺憾的是，我們多數人都是無意識地做出選擇，因此不認為這結果是自己的選擇……然而，它們確實就是。

假設我汚辱你，你最有可能選擇大發雷霆；假設我恭維你，你最有可能選擇滿心歡喜和受寵若驚。但請想一想：這些反應仍然都是選擇。

我可能冒犯你，我可能汚辱你，而你可以選擇不要大發雷霆；我也可能恭維你，而你也可以選擇不要受寵若驚。換句話說，即使我們可以做無窮無盡的選擇，但多數人已變成條件反射的神經束，只要一被環境和人事觸發，就會出現可預期的行為結果。這些條件反射就像是巴夫洛夫的制約（Pavlovian Conditioning）。巴夫洛夫最為人所知的研究，是證明如果你每次給狗吃東西時都搖鈴，不久後，你只要搖鈴，狗就會開始分泌唾液，因為這個刺激（鈴聲）已經跟另一個刺激（食物）連結在一起。

作為制約結果的多數人，對於環境中的刺激已形成重複且可預期的反應。

我們的反應似乎是被人事和環境自動地觸發，卻忘了這些都是我們存在的每一分、每一秒可以自己做的選擇，我們可以說是完全無意識地做出了這些選擇。如果你回頭看看在你選擇的當下自己做出的選擇，光是這個回頭見證的動作，你就能把整個過程從無意識的境界帶到有意識的境界。

有意識的選擇和見證的程序，可以產生相當大的力量。

當你做出任何選擇時，不管是什麼選擇，你都可以問問自己以下兩個問題：

首先，**「我做的這個選擇會有什麼後果？」**你的心裡會立刻知道後果是什麼。

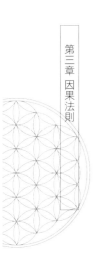

第二，**「我現在做的這個選擇，將會為我和我身邊的人帶來幸福嗎？」**如果答案是「會」，你就做那個選擇。如果答案是「不會」，而且那個選擇會帶給你或你身邊的人不幸，你就不要做那個選擇，就是這麼簡單。

在每個當下的無限選擇中，只有一個選擇能為你、也為你身邊的人創造幸福，當你做出這個選擇時，就會導致一種名為「自發性正確動作」的行為。

所謂的自發性正確動作，是在對的時刻做對的動作。它是對任何情境的正確反應，它是能培育你和受行動影響的其他任何人的動作。宇宙有個非常有趣的機制，能幫助你自然而然地做正確的選擇，但這個機制必須藉助你身體的感覺。

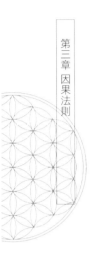

你的身體會經歷兩種感覺：一種是舒服的感覺，另一種是不舒服的感覺。在你有意識地做出選擇的時刻，注意你的身體，並且問問身體：「如果我做這個選擇，會發生什麼事？」如果你的身體發出舒服的訊息，那就是正確的選擇；如果你的身體發出不舒服的訊息，那就不是恰當的選擇。

有些人的舒服和不舒服訊息是來自腹腔神經叢的區域，但多數人是來自心臟附近。有意識地注意你的心，問問你的心該做些什麼，然後等待回應——一種以感覺的形式出現的生理回應。或許感覺的程度是「微乎其微」，但它確實在那兒，就在你的身體裡。**唯有心，知道正確的答案是什麼。**

多數人認為心是柔軟而多愁善感的，但事實並非如此。心是直覺的、全方位的、前後相關的、有所聯繫的，它沒有輸贏的向度，它能開發利用宇宙電腦——純粹潛能、純粹知識和無限組織力量之地——並且考慮萬事萬物。

有時，心或許看似不那麼理性，但它有計算的能力，遠比侷限在理性思考內的任何一切更嚴格精確。

任何時刻只要你想，你都可以利用「因果法則」創造金錢和富裕，讓一切美好事物源源不絕地流向你。

但首先，你必須開始有意識地覺察到一點：你的未來是由你在生命中的每個當下所做的選擇所造成。如果你經常這麼做，你就是在充分地利用「因果法則」。

你越是能有意識地覺察自己的選擇，你就越能夠自然而然地做出對你或你身邊的人都正確的選擇。

過去的業力（指造作的行為會形成一股力量，在未來讓我們承受各種果報）又如何呢？它現在會怎麼影響你呢？對於過去的業力，你可以做的事有三件：

第一，償還你的業債，多數人都選擇這麼做……當然是在無意識的情況下，或許這也是你所做的選擇。

有時，償還這些債務會讓人感到痛苦折磨，但「因果法則」指出，宇宙中所有的債務都得償還，畢竟宇宙中有一個完美的會計系統，讓萬事萬物都是不斷「來來回回」的作能量交換。

第二件事，是將你的業力轉化成更令人滿意的經驗。

這是個非常有趣的過程，在你償還業債的期間，試著問問自己：**「我可以從這個經驗中學到什麼？為什麼會發生這件事？」**以及**「宇宙要告訴我的訊息是什麼？我要如何讓這個經驗對人類同胞有益？」**藉由這個過程去尋找機會的種子，然後把機會的種子播入你的「達摩」（dharma）、你的人生目的中——我們將在宇宙萬物的第七個靈性法則中討論這點。

這樣就能讓你把業力轉形成新的表現。舉例來說，如果你在運動時折斷了腿，你可以自問：「我可以從這個經驗中學到什麼？宇宙要告訴我的訊息是什麼？」或許這個訊息是，你需要放慢速度了，下次要更小心或更注意你的身體。

另外，如果你的萬法（人生目的）是要你把所知的教給他人，那麼在自問「我能如何讓這個經驗對人類同胞有益？」後，或許你會決定寫一本關於運動安全的書來分享你學到的事。或者，你可能會開始設計特殊的鞋子或護腿，以防止你經歷的這種傷害再次發生。

如此一來，在你償還業債的同時，也將災禍轉變成帶給你財富和滿足的恩惠，這就是如何把業力轉化成正向的經驗。

你雖然沒有真的擺脫業力，但是你有能力選取業力的片段，並從中創造出全新的正向業力。

處理業力的第三個方法是超越業力。超越業力就是不受因果的支配，作法是持續地體驗空隙，體驗你的「本我」、你的「靈性」。就像是在流動的小溪中清洗一塊髒掉的布，你每洗一次，就洗去一些污漬，你不斷地洗了又洗，這塊布也就會變得越來越乾淨。

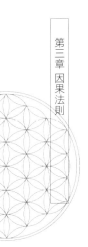

藉由體驗進入空隙，再從空隙出來，你漸漸地洗去或超越業力的種子。當然，這點必須藉助冥想練習才能完成。

所有行動都是業力的片段，喝杯咖啡也是一段業力，這個動作會產生記憶，而記憶有能力或潛力產生慾望，然後慾望再次產生行動。要知道，靈魂的操作軟體是業力、記憶和慾望。而你的靈魂是一束意識，帶有業力、記憶和慾望的種子，隨著逐漸由意識到顯象的這些種子，你也會漸漸有意識地產生實像。能夠有意識地做選擇後，你將開始為你和你身邊的人產生進化的行動。

你需要做的只有這些。

只要業力是逐步進化，無論是對「本我」，還是任何受「本我」影響的人，業力的果實終將是幸福和成功。

實踐因果法則

我將藉由承諾進行以下步驟，來實踐「因果法則」：

1. 今天我將見證我在每時每刻所做的選擇。光是見證這些選擇，我就會開始有意識地覺察它們。我知道，為將來任何時刻做好準備的最佳方法，就是充分地覺察當下。
2. 每當我做選擇時，我會問問自己兩個問題：「我做的這個選擇會有什麼後果？」以及「這個選擇將會為我和受這個選擇影響的人帶來幸福和滿足嗎？」

3. 然後，我會問問我的心作為引導，用它舒服或不舒服的訊息當作準則。如果對於這個選擇感到舒服，我會毫不猶豫地勇往直前。如果對於這個選擇感到不舒服，我會停下來，用心眼仔細地看看我行動的後果。

這樣的引導，能讓我為自己和我身邊的人自然而然地做出正確的選擇。

4

最省力法則

大自然的智慧運作時，輕鬆又毫不費力——
無憂無慮還帶著和諧與愛。
當我們駕馭和諧、喜悅和愛的力量時，
我們就能毫不費力地輕鬆創造成功和好運。

第四章　最省力法則

是以聖人不行而知，不見而名，不為而成。

——老子，《道德經》

成功致勝的第四個靈性法則是「最省力法則」。這個法則的根基是，大自然的智慧在運作時，輕鬆又毫不費力，無憂無慮且毫無拘束，也就是沒有阻力、最小作用量的原則。因此，它也是和諧與愛的原則。

當我們從大自然學到這個教誨時，很容易就能滿足慾望。

只要你觀察大自然的運行，你就能夠明白何謂最不費力。

青草不用努力成長，它就這麼自然長大；魚兒不用努力游泳，牠就這麼悠游水裡；小鳥不用努力飛翔，牠就這麼遨翔天空；花朵不用努力綻放，時節一到它就盛開。這是他們與生俱來的本性。地球不用努力繞著軸心自轉，她的本性就是以令人眩目的速度旋轉，猛然疾速地穿越太空；嬰兒的本性是極樂至福；太陽的本性是照耀大地；星星的本性是閃爍發光，而人類的本性就是輕鬆、不費力地把自己的夢想付諸實現。

在古老的印度哲學「吠陀學」中，這個原則被稱為省力原則，或是「做得更少、成就更好」原則，其最高的境界是：**什麼都不做便能成就一切。**

這句話的意思是，只要有微弱的想法出現，這個想法就會毫不費力地成真。一般所謂的「奇蹟」，實際上正是「最省力法則」的展現。

大自然的智慧運作時，毫不費力、沒有阻撓而且自動自發，它的作用不是線性的，而是直覺的、全方位的、充滿養分的。當你與大自然協調一致，立足在對真實「本我」的認識時，你就能好好地利用「最省力法則」。

當你的行動受愛引發時，所費的努力最少，因為把大自然合成一體的就是愛的能量。

當你追求權力和控制他人時，你是在白費能量。當你為了自私的自我而追求金錢或權力時，你等於把能量都花在追逐幸福的假象上，而不是享受當下的幸福。

當你只為個人利益追求金錢時，你便切斷了向你流動的能量，干擾了大自然智慧的展現。然而，當你的行動受愛引發時，你就不會浪費絲毫能量，而且你的能量不但倍增，還會累積。一旦你聚積和享受的能量有多餘，超出的能量便會被導向創造想要的一切，包括無限的財富。

你可以把自己的肉身想成控制能量的裝置：它可以產生、貯存和消耗能量。如果你知道如何有效地產生、貯存和消耗能量，那麼你就能創造出任何你想要的財富。

注意自我所耗費的能量最大。當你的內在導引點是自我時，你便會極力追求權力和控制他人，以及追求他人的認同，而把能量都浪費在無謂的地方。如果釋放那些浪費掉的能量，它們可以被重新導向，用來創造你想要的任何東西。

所以，當你的內在導引點是靈性時，你對批評便會免疫，且無懼任何挑戰，而能駕馭愛的力量，並創造性地運用能量來體驗富裕和進化。

在《做夢的藝術》一書中，唐璜（Don Juan）告訴卡羅斯・卡斯塔尼達（Carlos Castaneda）：「……我們把多數的能量都用於維護自身的重要性……如果我們能夠失去一些那樣的重要性，就會出現兩件非凡的事。首先，我們會釋放能量，不再浪費在試圖維持偉大自我的幻想上；第二，我們會讓自己有足夠的能量……可以一瞥宇宙的真實偉大。」

構成「最省力法則」有三個要素，亦即你能用來實踐「做得更少、成就更好」原則的三件事。

第一個要素是接受。

「接受」意味著你做出這樣的承諾：**「今天我將接受人、形勢、環境和發生的事件。」**意思是，我知道「此時此刻理該如此」，因為整個宇宙理該如此。此時此刻——你正在經驗的當下——是你過去時時刻刻經歷的最高點。

此時此刻理該如此，因為整個宇宙就是如此。如果你與此時此刻作爭鬥，實際上你是在和整個宇宙作爭鬥。然而，你可以做出選擇，今天你決定不與此時此刻爭鬥，你也就不會與整個宇宙爭鬥。

這意思是，你通盤且完整地「接受」了此時此刻。你接受事情的「原本模樣」，而非你希望它們此刻是什麼模樣。了解這點相當重要，因為你可以「希望」事情在未來有所不同，但在「此一」時刻，你必須接受它們現在這樣。

當你因為人或形勢感到挫折不安時，記住你反應的對象不是人或形勢，而是你對人或形勢的感受。這些是「你的」感受，而你的感受並不是別人的錯。

當你徹底地認清和理解這點時，你就準備好可以對自己的感受負責並且加以改變；如果你能夠接受事情的原本模樣，你就準備好可以對自己的處境負責，也對你視為問題的所有事件負責。

由此，我們看到了「最省力法則」的第二個要素：負責。

「負責」的意義是什麼呢？**負責意指不為自己的處境責怪任何人或任何事，包括你自己。**接受了這個環境、這個事件、這個問題後，負責接下來意味著，有「能力」對「現在理當如此」的形勢做出創造性的「反應」。所有的問題都內含機會的種子，覺察這點能讓你把握此時此刻，將之轉化成更好的形勢或局面。

一旦你做到這點，任何所謂令人不安的形勢，全都會成為創造美好新事物的機會；任何所謂磨人精或暴君的人，全都是你的老師。現實是種詮釋，如果你選擇用這種方法詮釋現實，你的周遭就有許多老師，你也將得到許多進化的機會。

每當遇到暴君、磨人精、老師、朋友或仇敵（它們全都是同義詞）時，提醒自己：「此時此刻理該如此。」在你生命中的此時此刻吸引你的任何關係，完完全全就是你的生命在此時此刻需要的關係。

任何事件的背後都隱含著意義，正是這隱含的意義，造就了你自身的進化。

「最省力法則」的第三個要素是「不防衛」。意思是，**你能不帶防備地覺察，你已不再需要說服或勸說他人相信你的觀點。**如果你觀察周遭的人，你會發現他們有百分之九十九的時間都在捍衛自己的觀點。光是不再捍衛自己的觀點，在棄守的過程中，你就有機會獲得從前浪費掉的巨大能量。

如果你變得防衛、責怪他人，不接受也不降服於此時此刻，你的生活就會遇到阻礙。任何時候只要一遇到阻礙，你必須先認清：如果你強行使力，阻礙只會增加。你不會希望自己像高大的橡樹般直挺挺地立著，一遇到暴風雨就崩塌折斷，相反的，你會希望自己像蘆葦般有彈性，遇到暴風雨時能彎身安然度過。

請徹底地打消捍衛自己觀點的念頭，當你不需要捍衛自己的觀點時，你就不會縱容任何爭端發生。如果你持續地這麼做，如果你停止爭鬥和抗拒，你將全然地體驗當下這份禮物。

有人曾告訴我：「過去是歷史，未來是個謎，而當下是禮物。這就是為什麼英文的 present 這個單字，除了『當下』的意義，同時也指稱『禮物』。」如果你悅納當下、融入當下，與當下合為一體，你就能體驗到天地間一切的有情萬物，在狂喜瞬間迸發的火花、閃耀和萬丈光芒。

當你開始體驗到萬物生靈的無上歡欣時，隨著你越來越熟悉的歡欣，喜悅將由內而生，你也將卸下防衛、憤恨與傷害的恐怖重擔和負擔。唯有如此，你才能變得輕鬆愉快、無憂無慮、興高采烈和自由自在。

在這樣單純、喜悅的自由中，你的心將毫無疑問地知道，你想要的隨時可以得到，因為此時你的想望是來自幸福快樂的層次，而不是焦慮恐懼的層次。你不需要為自己辯護，只要向自己宣告意圖，然後在生命中的每時每刻，你都將體驗到滿足、快樂、喜悅、自由和自主。

做出承諾，下定決心走上這條沒有阻抗的道路吧！這是一條大自然智慧自發地向你鋪展而來的道路，沒有阻力，也不用費力。當你細緻地組合接受、負責和不防衛時，你將體驗到生命毫不費力地輕鬆流動。

當你對所有的觀點都保持開放，不固執地拘泥於任何一個時刻，你的夢想和慾望會跟著大自然的慾望一起流動。這時你就能沒有執著地釋放意圖，接著只要等待適當的季節到來，你的慾望自然就會開花結果。

你可以確定的是，一旦等到對的時節，你的慾望將會顯化成真，這就是「最省力法則」。

實踐最省力法則

我將藉由承諾進行以下步驟，來實踐「最省力法則」：

1. 我將練習「接受」。今天我將接受所有人、形勢、環境和發生的事件。我知道「此時此刻理該如此」，因為整個宇宙理該如此。我不與此時此刻爭鬥，也就不會與整個宇宙爭鬥。我通盤且完整地接受，接受事情在此刻的原本模樣，而非我希望它們是什麼模樣。

2. 接受了事情的原本模樣後，我將對自己的處境和視為問題的所有事件「負責」。我知道，負責的意義是不為自己的處境責怪任何人或任何事，其中還包括自己。我也知道，每個問題都是偽裝的機會，對機會的這種警覺，能讓我把握此時此刻，將之轉化成更大的利益。

3. 今天我依然將「不防衛」地覺察。我將不再需要捍衛自己的觀點，不需要說服或勸說他人接受我的觀點。我將對所有的觀點都保持開放，不固執地拘泥於任何一個。

5

意圖與慾望法則

每個意圖和慾望都與生俱有成就本我的力學機制，
亦即純粹潛能之地的意圖和慾望具有無限的組織力量。

當我們在純粹潛能的肥沃土壤裡種下意圖時，
我們就能將無限的組織力量有效地運用在自己身上。

在最初始，慾望出現，那是心智的最初種子；潛心冥想的聖哲，依著自己的智慧，發現存在與虛無之間的連結。

——創世讚歌，《梨俱吠陀》

成功致勝的第五個靈性法則是「意圖與慾望法則」，這個法則奠基於自然界中處處存在的訊息和能量。

事實上，在量子場的層次中，一切只剩下訊息和能量。量子場完全就是純粹意識或純粹潛能之地的另一種稱號，會受到意圖與慾望的影響。接下來，我們將仔細探討這個過程。

花朵、彩虹、樹木、小草、人體……任何東西分解至基本組成的分子時，全都是訊息和能量。

整個宇宙的本質天性即是訊息和能量的「運動」，你和樹木之間的唯一差別，只在於各自身體的訊息和能量含量不同。

在物質的層次，你和樹木都是由相同的循環再生元素組成：主要是碳、氫、氧、氮，還有其他的微量元素，你在化工原料行花幾十塊錢就能買到這些元素。因此，你和樹木之間的差異不是碳，不是氫，也不是氧（事實上，你和樹木不斷地在彼此交換碳和氧），你們兩者之間的真正差異，在於訊息，在於能量。

在大自然的架構中，你和我都是獲得恩寵的物種，我們的神經系統有能力「覺察」到人類肉體的局部場域中，所產生的訊息和能量含量。而我們會主觀地將這個場域「經驗」為自己的想法、感受、情緒、渴望、記憶、直覺、驅力和信念。

相同的場域，也被客觀地經驗為肉身，而透過肉身，又將這個場域經驗為世界，但其實所指涉的全都是相同的東西。這就是為什麼古代的先知會大聲地宣告：「我是那個，你是那個，一切都是那個，那個就是全部。」

你的身體跟宇宙的天體沒有分別，因為在量子力學的層次中沒有定義明確的邊界。你就像是在大型的量子場中的一陣擺動、波浪、振盪、迴旋、漩渦、局部擾動，而更大型的量子場——宇宙——就是你延伸的身體。

人類的神經系統不止能夠覺察到自身量子場的訊息和能量，更因為人類的意識憑藉這絕妙的神經系統而有無限彈性，所以你能夠有意識地改變你肉身所產生的訊息含量。

也就是說，你可以有意識地改變「自己的」量子力學訊息和能量含量，再進一步影響延伸身體——你的環境、你的世界——的訊息和能量含量，使得事物在其中顯化出現。

引發有意識改變的，是源於意識與生俱有的兩種性質：注意和意圖。「注意」在充沛能量，「意圖」則加以轉化。在生命中，無論你注意什麼，都會變得壯大，而一旦你轉移注意，無論是什麼，都會枯萎、瓦解和消逝。另一方面，意圖則觸發訊息和能量的轉化，組織了自我的完滿。

用於「注意」對象的「意圖」質量，將會精心地協調無限的時空事件，只要遵循其他幾個成功至勝的靈性法則，就能促成心之所欲的結果。這是因為在「注意」的肥沃土壤中，「意圖」具有無限的組織力量。而具有無限組織力量，便意味著有能力在同一時刻組織無限的時空事件。

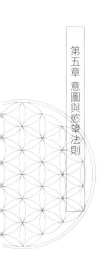

我們從每株小草、每朵蘋果花、每個人體的細胞中，即可看見無限組織力量的展現，從萬物生靈中看見這個無限力量。

在大自然的架構中，萬事萬物都彼此相關連，當你看到土撥鼠從土裡探出頭時，你就知道春天即將到來；候鳥每年都會在固定的時間，開始往固定的方向遷徙。大自然是一首交響樂曲，而這首交響曲是在終極的創造土壤中靜靜地被編排譜成。

人類的身體是這首交響樂曲的另一個好例子。人體內的單一細胞，每秒大約進行處理著六兆件事，與此同時，它也必須知道其他的每個細胞在做什麼。

人之所以可以在同一時間演奏音樂、殺死細菌、吟誦詩歌、孕育下一代，並且監看星體運行，正因為無限關聯之地就是訊息場域的一部分。

人類的神經系統最超凡卓越之處，是它可以透過有意識的意圖，指揮無限的組織力量。

人類的意圖並沒有固著或卡死在僵硬的訊息和能量網絡中，而是具有無限的彈性。換句話說，**只要你不違背其他的自然法則，光是透過意圖，你就可以真真正正地指揮自然的法則，實現你的夢想和慾望。**

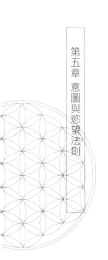

你能夠把這臺具有無限組織力量的宇宙電腦，有效地運用在自己身上。你可以把意圖帶入終極的創造土壤中，只要你在這裡種下意圖，你就可以啟動活化這片無限關聯之地。

意圖奠定了基礎，使得尋求從未顯表現為顯化的純粹潛能，可以毫不費力、沒有阻礙地自發流動。唯一要小心的是，你的意圖必須用來嘉惠人群、造福人間。當你完全符合「宇宙萬物的七個靈性法則」時，一切便會自然而然地發生。

意圖是慾望背後的真實力量。光是意圖本身就非常強大，因為意圖是不執著於結果的慾望，如果只有慾望就會很薄弱，因為多數人的慾望是帶有執著的注意。

意圖是嚴格遵守其他所有法則的慾望，特別是「超然法則」，也就是宇宙萬物的第六個靈性法則。結合超然的意圖，能讓你發展出以生命為中心，以及當下此刻的覺察。如果你帶著當下此刻的覺察做出行動，得到的成效將會是最大。

你的「意圖」是面向未來，但你的「注意」卻是在當下。因為未來是由當下所創造出來的，所以只要你的注意是在當下，那麼你面向未來的意圖就會被顯化出來。你必須接受當下的原本模樣。接受當下，規劃未來，因為未來永遠都可以憑藉超然的意圖創造出來，但你絕對不應該糾結於當下。

過去、現在、未來全都是意識的屬性，過去是往事、記憶；未來是期盼；現在則是覺察。因此，**時間是思想的運動，過去和未來都是在想像中生成，唯有現在（亦即覺察），才是真實和永恆。**「它就是如此」，它有發生時空、物質和能量的潛能，它是永恆的可能之地，能將自身經驗為各種抽象的力，無論是光、是熱、是電、是磁，或是重力，這些力既不在於過去、也不在於未來，它們就在當下。

我們對這些抽象力的詮釋，可以讓我們經驗到具體的實像和形式，對抽象力的回憶詮釋，可創造出過去的經驗，而對同樣這些力的預期詮釋，則能夠創造出未來。它們是意識中的注意性質，當這些性質擺脫過去的負擔時，當下的行動就能夠變成創造未來的肥沃土壤。

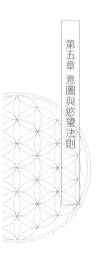

意圖——奠基在當下的超然自由——可作為催化劑，正確地混和物質、能量和時空事件，即可創造出慾望的任何一切。

如果你有了以生命為中心、當下此刻的覺察，那麼想像中的障礙（知覺到的障礙有百分之九十以上是如此）就會瓦解和消逝，而剩下百分之五到十的障礙，便可以透過一心一意的注意轉化成機會。

一心一意的注意性質，是對始終如一的目的抱持不屈不撓的態度。一心一意是指堅持這樣不屈不撓的目的，並全力注意心之所欲的結果，期間絕對不允許任何障礙消耗、分散你集中的注意力。這樣，就能完全徹底地排除意識中的所有障礙，而你既可以維持堅定不移的沉著，還能對投身的目標保有強烈熱情。

這就是擁有超然的覺察，同時還兼具一心一意、專注意圖的力量。學習駕馭意圖的力量，你將能創造所想望的任何一切。

你還可以藉由努力、藉由嘗試，來得到結果，不過需要付出代價，其代價是壓力、心肌梗塞，以及免疫系統的功能受損。而更好的做法是，執行下列「意圖與慾望法則」的五個步驟。當你遵循這五個步驟來實現慾望時，意圖就會產生自身的力量：

1.潛入空隙：意思是，讓自己的精神集中在想法之間的寧靜空間，進入靜默，達到心無雜念的層次，亦即你的本質狀態。

2.立足在心無雜念的狀態，釋放你的意圖和慾望：當你真正處於空隙時，那裡沒有想法、沒有意圖，但隨著你從空隙出來（在空隙和想法之間的交界處），你也將帶出意圖。如果你有一連串的目標，你可以把它們寫下來，在你進入空隙之前，將意圖集中在這些目標上。

舉例來說，如果你希望事業成功，那就帶著這樣的意圖進入空隙，這個意圖會像覺察中的微微閃光已經存在那兒。在空隙中釋放你的意圖與慾望，意味著把它們種在純粹潛能的肥沃土壤裡，期待它們在正確的季節裡開花結果。你不會想把慾望的種子挖出來，看看它們有沒有長大，也不會執拗地堅持它們以什麼方法開花，你完全只想要釋放它們。

3. 保持在自我導引的狀態：意思是，繼續立足在對真實「本我」的覺察，覺察你的靈性、你與純粹潛能之地的聯繫。也就是說，不要透過世俗的眼光來看自己，也不要讓自己受到他人的意見和批評影響。若想維持自我導引的狀態，有個很好的方法，便是守住你的慾望，不要跟任何人分享，除非他們跟你有完全相同的慾望，並且跟你有深厚緊密的羈絆。

4. 放掉你對結果的執著：這意思是，要放棄你對特定結果的執著，讓自己生活在無常的智慧中，也就是享受生命旅程的每時每刻，即使你不知道結果為何。

5. 將細節全權交給宇宙處理：你的意圖與慾望一旦在空隙中

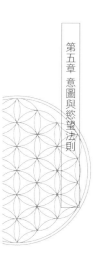

被釋放，就具有無限的組織力量。要相信意圖的無限組織力量，能為你編排所有的細節。

請記住，你的真實本性就是純粹靈性。無論你去到哪裡，都請帶著靈性的意識，溫和地釋放你的慾望，宇宙將會為你處理一切的細節。

實踐意圖與慾望法則

我將藉由承諾進行以下步驟來實踐「意圖與慾望法則」：

1. 我將列出自己的所有慾望。無論我去到哪裡，都會帶著這張列表；在我進入靜默和冥想以前，我會看看這張列表；在我每晚睡覺以前，我會看看這張列表；在我早晨醒來的時候，我會看看這張列表。

2. 我將釋放列表上的慾望，將之交託給創造的溫床，相信

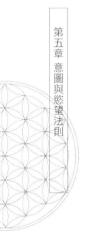

如果事情的進展不從我願，一定有它的理由，並且相信宇宙為我制訂的計畫，一定比我能設想的宏偉許多。

3. 我將提醒自己，無論我做什麼，都要練習當下此刻的覺察。我會拒絕讓障礙消耗和分散我在當下此刻的注意力。我會接受當下的「原本模樣」，並且透過最深、最珍視的意圖和慾望來顯化未來。

6

超然法則

超然蘊含著無常的智慧。
無常的智慧蘊含著掙脫過去、掙脫已知，
這些都是過去制約的牢籠。
只要願意踏入未知、各種可能之地，
我們就能把自己交託給編排宇宙之舞的創造性心智。

彷若兩隻金色小鳥棲息在同一棵樹梢，「本我」和「自我」這兩位密友也棲身在同一個身軀裡。自我吃著生命之樹的酸甜果實，於此同時，本我則超然地旁觀一切。

——《剃髮奧義書》

成功致勝的第六個靈性法則是「超然法則」。「超然法則」的意思是，為了得到物理世界的任何一切，你必須放掉對這一切的執著。

不過，這不表示你要放棄創造慾望的意圖。你並沒有放棄意圖，你也沒有放棄慾望，你放棄的是你對結果的執著。

這麼做的力量相當強大，在你放掉對結果的執著，同時兼具一心一意和超然的當下，你將擁有你所想望的東西。

你想要的任何一切都能透過超然來獲得，因為超然的根基，是你對真實「本我」的力量毫不質疑的信念。

另一方面，執著則是奠基於恐懼和不安全感，而需要安全感的根本原因，是對真實「本我」一無所知。

財富、豐饒或物理世界的任何一切，來源都是「本我」，而本我是知道如何滿足所有需要的意識。任何其他的物質都只是象徵的符號，如汽車、房子、紙幣、服飾、飛機等等，而象徵符號都很短暫，來來去去並不久留。追逐象徵符號，就像是勉強接受地圖，而不是接收領土。這樣只會製造焦慮，最終讓內心感到虛無空洞，因為你把「本我」交換成「象徵符號」了。

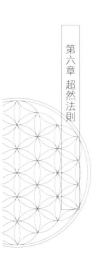

執著來自於貧困意識，因為執著的對象永遠都是象徵符號。超然則是富裕意識的同義詞，因為超然——不被執著綑綁——於是就有創造的自由。唯有出自超然的投入，才能體驗真正的喜悅和歡笑。

然後，富裕的象徵符號也將跟著毫不費力、自然而然地創造出來。沒有了超然，我們就會成為無助、無望、世俗需要、瑣碎擔憂、絕望死寂和冷硬嚴峻的囚犯，監禁我們的這些，全都是日常平庸生活和貧困意識的獨具特徵。

真正的富裕意識，是有能力在所希望的任何時間，擁有想要的任何一切，而且不費吹灰之力。如果想落實這樣的體驗，你必須奠基於無常的智慧，而你將在無常中找到創造想要的任何一切的自由。

人們不斷地尋求安全感，但是你會發現，尋求安全感實際上如流沙般轉瞬即逝，就連對金錢的執著，都是沒有安全感的徵象。

你或許會說：「當我有幾百萬的時候，我就會感到安全。這時我經濟獨立，於是我可以退休。接下來，我能做自己真心想做的所有事情。」然而，這種情況絕對不會發生，「絕對不會」！

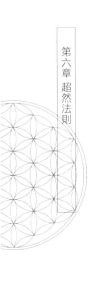

尋求安全感的人，終其一生都在追求，但卻從來沒有找到。不管怎麼追求，安全感永遠難以捉摸，而且轉瞬即逝，因為它絕不可能光靠金錢來獲得。無論你在銀行的存款有多少，一旦對金錢執著，永遠只會製造出不安全感。事實上，某些有錢的人往往是最沒有安全感的人。

尋找安全感是個幻覺，古老的傳統智慧告訴我們，這個兩難的解答就藏在不安全的智慧或無常的智慧裡，意思是尋找安全和必然，實際上就是對已知的「執著」。

那什麼叫做已知呢？已知就是我們的過去。已知完全就是過去制約的牢籠。在已知裡，沒有進化，絕對一點都沒有。既然沒有進化，那就只剩下停滯、失序、紊亂和衰敗了。

另一方面，無常是純粹創造力和自由的肥沃土壤，意味著在存在的每時每刻踏入未知之地。

未知是各種可能之地，永遠新鮮，永遠嶄新，永遠對創造新的顯化保持開放。少了無常和未知，生命只不過是陳舊記憶的無聊重複，而你將變成過去的受害者，讓你痛苦折磨的今天，是你自己的昨天的殘渣。

放掉對已知的執著、踏入未知，由此你也將踏入各種可能之地。只要你願意踏入未知，你就納入了無常的智慧。這意思是，在生命中的每時每刻，你將經歷刺激、冒險和神秘。

你將體驗生命的樂趣：靈性的魔力、歡慶、愉悅和狂喜。

每天你都能在各種可能之地，尋找到可能發生的刺激驚喜。

當你體驗到無常時，你就是走上了正確的道路……所以，千萬不要放棄！

對於下星期或明年要做什麼，你不必有詳細完整和嚴苛死板的想法，因為如果你非常清楚接下來會發生什麼，而且頑固地執迷不悟，那麼你就等於把「各式各樣的可能」阻擋在外。

各種可能之地的其中一個特性，是無限關聯，這可以編排無限的時空事件，帶來心之所欲的結果。但是，當你執迷不悟時，你的意圖就會被僵硬的心態卡住，你也將因此失去這個境地本有的流動性、創造性和自發性。

當你執迷不悟時，你的願望便會從無限的流動和彈性凍結成硬梆梆的框架，進而妨礙干擾整個創造的過程。「超然法則」不會妨礙干擾「意圖與慾望法則」的目標設定，你還是有前往某個方向的意圖，你也還是具有目標，只不過在A點和B點之間，存在著無限的可能性。

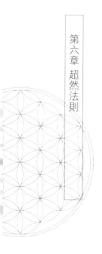

接納無常之後，如果你找到更高的理想，或發現有什麼更令人興奮的事物，或許你會隨時改變方向；你也比較不會強迫性地要去解決任何問題，因此你可以對各種機會保持警覺。

「超然法則」會加速進化整個過程。因為當你了解這個法則時，你就不會感到非得強迫解決問題不可，而當你強迫性地去解決問題時，便只會製造新的問題。

然而，當你把注意力放在無常，而且在見證無常的同時，心懷期盼地等待解答從混亂和困惑中顯現，那麼，顯現出來的就是令人相當難以置信和興奮的絕妙解答。

警覺的狀態——在當下、在無常之地做好準備——符合你的目標，也符合你的意圖，並且能讓你抓住機會。

機會在哪裡呢？它就藏在你生命中遭遇的每個問題上。在你生命中遭遇的每一個問題，都是獲得更大利益的機會種子。

一旦你知覺到這點，你就開啟了各式各樣的可能性，它還會不斷地帶給你神秘、驚奇、刺激和冒險。

你可以把生命中遭遇的每個問題，全都看成獲得某些更大利益的機會，並且憑藉著無常的智慧，隨時對機會保持警覺。只要你做好準備，當機會來臨時，解答便會自然而然地出現。

隨之出現的通常被稱為「好運」，但好運不過是做好準備，同時遇上了機會。

當準備和機會來臨，再加上見證混亂的警覺時，從中顯現的解答，將為你和所接觸的所有人帶來進化的優勢，這就是成功致勝的完美配方，而它的基礎就在於「超然法則」。

實踐超然法則

我將藉由承諾進行以下步驟，來實踐「超然法則」：

1. 今天我將致力於超然。我將允許自己和身邊的人有做自己的自由；我不會頑固地強加對事情應該如何的看法；我不會強迫解決問題，由此製造新的問題；我將帶著超然的心投入參與每一件事。

2. 今天我將納入無常，作為人生經驗的一個基本成分。只要我願意接受無常，解答就會自然而然地從問題、從困

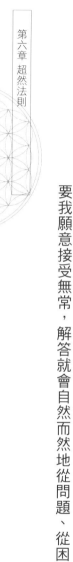

惑、失序和混亂中顯現。事情越看似無常，我越覺得安全，因為無常是通往自由的道路。

透過無常的智慧，我將找到自己的安全感。

3. 我將踏入各種可能之地，在自己對無限的選擇保持開放的同時，期盼可能發生的各種刺激驚喜。

當我踏入各種可能之地時，我將體驗生命的所有樂趣、冒險、魔力和神秘。

7

達摩法則

每個人都有人生的目的——

一份施予他人的珍稀禮物或特別天賦。

當我們把獨特天賦用來造福他人時，

將體驗到自己靈性的狂喜和歡欣，

這就是一切目標的終極目標。

在工作時，你是一管長笛，時間的呢喃流瀉在心上，透過它化為音符……

怎樣才是懷著愛工作呢？就像用你心的絲線編織衣物，彷彿你的摯愛要穿上這身衣裳。

——卡里・紀伯倫，《先知》

成功致勝的第七個靈性法則是「達摩法則」。Dharma是梵文，意思是人生的目的。

「達摩法則」的意涵是，我們以顯化的肉體形式來實現目的。也就是說，純粹潛能之地的本質是神性，而神性用人類的外形來實

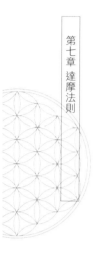

現目的。根據這個法則，**你擁有獨特的天賦和獨一無二的展現方式。**一定有些什麼，是你能做得比世界上的其他任何人都更好，而每個獨特的天賦和獨特的展現，也都有其獨特的需要。

當這些需要與你天賦的創造性展現相互匹配時，就會激盪出創造富裕的火花。因此，展現你的天賦來滿足需要，就可以創造出無限的財富和豐饒。

如果打從一開始你就能用這個想法來啟發孩子，你將看見這對他們的生活會產生什麼影響。事實上，我就是這麼教育我自己的孩子。我一次又一次地告訴他們，他們來到這個世上一定有個理由，他們必須自己找出存在的理由。從四歲起，他們就不斷地「聽到」這句話。

差不多也在四歲的時候，我開始教他們冥想。我告訴他們：「我永遠都不希望你們擔憂生計。如果你們長大後沒有謀生的能力，我會助你們一臂之力，所以不用擔心。我不希望你們專注於上學時要表現良好；我不希望你們專注於得到最好的成績或進入最好的大學。

「我真心希望你們專注的是，問問自己能如何造福人群？問問自己什麼是你的獨特天賦？因為**你確實擁有別人沒有的獨特天**

賦，你也具備別人沒有的特別方式能展現天賦。」

後來他們進入最好的學校，得到最好的成績，甚至在大學時，他們就罕見地經濟自主，因為他們「專注於自己在此時此地有什麼能給」，而這就是「達摩法則」。

「達摩法則」有三個要素：

第一個要素提到，每個人來世上，都是為了發現我們的真實

「本我」，靠自己找出靈性的真實「本我」。在本質上，我們已經是顯化為肉體形式的靈性存在，我們不是偶爾有靈性體驗的人類，而是反過來：**我們是偶爾有人類體驗的靈性存在。**

我們每個人來到世上，都是為了發現自己的更高本我或靈性本我，這就是「達摩法則」的第一個成就。我們必須自己去發現內在神性的雛形，並希望成長良好，好讓我們可以展現神性。

「達摩法則」的第二個要素是，展現我們的獨特天賦。

「達摩法則」告訴我們，每個人類都具有獨特的天賦。因此，你擁有以獨一無二方式展現的天賦，這個天賦獨特到地球上沒有其他生物能擁有相同的天賦。這意思是說，你能做的某件事和你做這件事的某個方法，比整個地球的其他任何人都更好。

當你在做那件事的時候，你會忘卻時間；當你在展現所擁有的獨特天賦（很多情況是不只一個獨特天賦）時，天賦的展現會帶你進入超越時間的覺察。

「達摩法則」的第三個要素是造福人群，也就是服務你的人類同胞。請捫心自問：**「我要如何才能幫助他人？我能如何幫助我接觸到的所有人呢？」**

當你把展現獨特天賦的能力用來造福人群時，你就是在充分地發揮「達摩法則」。如果再結合你自身的靈性、純粹潛能之地的體驗，那就絕對「不可能」無法達到無限豐饒的境地，因為這就是實現豐饒的「真正」方法。

這不是暫時的豐饒，而是永恆的豐饒，因為你的獨特天賦，因為你展現天賦的方式，更因為你造福和獻身於人類同胞——發覺這點得透過自問「我要如何才能幫助他人？」而不是問「這對我有什麼好處？」

「這對我有什麼好處？」這個問題是自我的內在對話；詢問

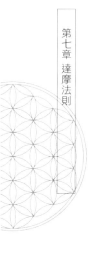

「我要如何才能幫助他人？」則是靈性的內在對話。靈性是你覺察的所在之處，而你在此可體驗到自己的普世性。只要把你的內在對話從「這對我有什麼好處？」切換成「我要如何才能幫助他人？」你就會自動地超越自我，進入靈性所在之地。

雖然進入靈性所在之地的最有用方法是冥想，但簡單地把你的內在對話切換成「我要如何才能幫助他人？」，同樣也可以進入靈性、你的覺察所在之地，讓你在此體驗到自己的普世性。

如果你想把「達摩法則」發揮得淋漓盡致，那麼你就必須做出以下幾個承諾：

第一個承諾：我將藉由靈性練習，尋求更高的本我，超越自我的更高本我。

第二個承諾：我將發現我的獨特天賦。找到我的獨特天賦後，我將好好地享受生活，因為在進入超越時間的覺察時，令人愉快的過程也會發生，這時的我便處於極樂至福的狀態。

第三個承諾：我會捫心自問，自己該怎樣做才最適合造福人群？我將回答這個問題，然後付諸實行。我將運用自己的獨特天賦，來滿足人類同胞的需求；我會把這些需求跟我的慾望互相搭配，以此來幫助和造福他人。

請坐下來，寫出這兩個問題的答案：

首先問問自己，如果不用擔心錢的問題，你在世上有足夠的時間和金錢時，你會做什麼呢？如果你還是會做目前在做的事，那麼你就是在行萬法，在「達摩」中，因為你對自己所做的事有「熱情」，也就是你正在展現你的獨特天賦。

接下來問問自己：我該怎樣才最適合造福人群？回答這個問題，然後付諸實行。

發現你的神性，找到你的獨特天賦，並且用來造福人群，你

就可以產生你所想要的一切財富。當你的創造性展現相符於人類同胞的需求時，財富就會自然而然地從未顯化轉為顯化，從靈性的境界顯化成在世的具體形式。

你會開始將生命經驗為神性的奇蹟展現，並且不只是偶一為之，而是隨時如此。然後，你會懂得真實的喜悅，以及成功的真正意義——自身靈性的狂喜和歡欣。

實踐達摩法則

我將藉由承諾進行以下步驟，來實踐「達摩法則」：

1.今天我將滿懷愛意地培育藏在靈魂深處的神之雛形。我將特別注意我內在的靈性，同時賦予我的身體和心智生命的靈性；我將喚醒自己內心的深切沉靜；我將在時間有限的體驗中，心懷超越時間、永恆存在的意識。

2.我將列出自己的獨特天賦。然後，我將列出自己喜愛去做、同時能展現獨特天賦的所有事情。當我展現自己的獨特天賦，並且用來造福人群時，我會忘卻時間，從而創造自己生命的豐饒，也創造他人生命的豐饒。

3.我將每天問問自己「我要如何才能造福人群？」以及「我能如何幫助他人？」這些問題的答案，將使我能帶著愛，來幫助和造福我的人類同胞。

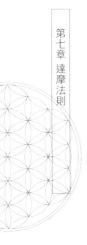

致謝

我願將滿心的愛與感激獻給以下諸位：

從概念成形到全書完成，都全心投入培育的 Janet Mills。

在生活中體現「七個靈性法則」的 Rita Chopra、Mallika Chopra 和 Gautama Chopra。

有勇氣承諾一個崇高、可貴、精采絕妙、激勵人心和改變人生願景的 Ray Chambes、Gayle Rose、Adrianna Nienow、David Simon、George Harrison、Olivia Harrison、Naomi Judd、Demi Moore 和 Alice Walton。

作為我們所有賓客與患者最佳榜樣的 Roger Gabriel、Brent Becvar、Rose Bueno-Murphy。

以及 Sharp Center for Mind-Body Medicine 的每一位工作人員。

堅持不懈和努力奉獻的 Deepak Singh、Geeta Singh，以及 Quantum Publications 的每一位工作人員。

身為自我導引的最棒案例的 Richard Perl。對於自我知識有不可動搖信念，還具備富有感染力熱忱，並且承諾改變許多人生活的 Arielle Ford。

最後，我要感謝 Bill Elkus，謝謝他的理解和我們的友誼。

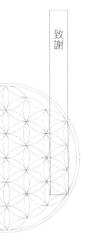

每一週具體實踐靈性法則

我們之中的許多人都確信一件事，想要達致成功幸福的人生，需要不懈的努力、堅定的決心，以及強烈的抱負。

但結果呢？我們可能已經奮鬥了多年，甚至達到了預定的一些目標，但這樣的結果卻讓人感覺疲憊不堪，甚至讓生活失去了平衡。

其實，正如狄帕克．喬布拉在他轉型工作中所觀察到的，這種絕望的努力是不必要的，甚至是不可取的。在自然界中，創造輕輕鬆鬆就出現了，要知道，種子不會掙扎成為一棵樹，它只是在恩典中舒展開來。

七個靈性法則，是你可以透過輕鬆且快樂的理解應用，來滿足最深慾望的有力原則。如果你把它們都付諸實踐，就會意識到，你所夢寐以求的一切都將一一呈現。

幸運的是，成功幸福的規律並不困難或神秘，且易於理解和應用。你還可以透過多種方式，來了解更多關於使用七個靈性法則的方法，吸引你真正想要的生活。

這裡所提供的一週應用方式，是一個很好的開始：

星期日：純粹潛能法則

花時間保持沉默，或只是冥想三十分鐘。默默地見證每一個生物的智慧。練習不批判。

星期一：施予法則

今天，帶上禮物贈送給你將遇到的人，一句恭維的話或一朵花都好。也心存感恩地接收禮物。透過給予和接受關懷、感情、欣賞和愛，來保持財富的流通。

星期二：因果法則

每個動作都會產生一種能量，並以類似的方式返回給我們。所以，選擇能給他人帶來快樂和成功的行動，這將可以確保獲得快樂和成功。

星期三：最省力法則

接受所有人、形勢、環境和發生的事件，並對自己的處境和視為問題的所有事件「負責」。另外，不再捍衛自己的觀點，不需要說服或勸說他人接受「我的」觀點。

星期四：意圖與慾望法則

每一個意圖與慾望本身就是實現幸福成功的機制。列出你所有的慾望，同時相信，當事情似乎沒有按照自己的方式進行時，都有其原因與理由。

星期五：超然法則

允許自己和身邊的人有做自己的自由，也不強迫性地去解決問題。

不確定性是必不可少的，在對無限的選擇保持開放的同時，也期盼可能發生的各種刺激驚喜，這將是你走向自由的道路。

星期六：達摩法則

今天特別注意內在的靈性，同時賦予身體和心智生命的靈性，以尋求更高的自我。

列出自己的獨特天賦，發現你獨特的才華。問問自己該如何幫助他人、造福人群？利用你獨特的才能去服務他人，以此帶來無限的幸福和豐富。

藉由認識心靈法則並且加以實踐，
我們將與大自然和諧一致，
帶著無憂無慮、喜悅和愛來創造成功。